Erwin Moser
Kleine Katzenwelt

Inhalt

Das Katzen-ABC *5*
Kleine Katze Nina *19*
Dicker Kater Kasimir *34*
Joschi Tintenkatz *49*

ERWIN MOSER
Kleine
Katzenwelt
VKM

Erwin Moser, geboren 1954 in Wien, aufgewachsen im österreichischen Burgenland, machte eine Schriftsetzerlehre, zog es jedoch schon bald vor, frei zu arbeiten. Er lebt in Wien oder im Burgenland. Im Programm Beltz & Gelberg veröffentlichte er zahlreiche Bilder- und Kinderbücher. *Großvaters Geschichten oder Das Bett mit den fliegenden Bäumen* und *Der Mond hinter den Scheunen* kamen auf die Auswahlliste zum Deutschen Jugendliteraturpreis. *Geschichten aus der Flasche im Meer* wurde in die Ehrenliste zum Österreichischen Staatspreis für Kinder- und Jugendliteratur aufgenommen. *Der Rabe im Schnee* wurde in Japan mit dem Owl-Prize ausgezeichnet, und *Der Rabe Alfons* wurde mit dem Rattenfänger-Literaturpreis der Stadt Hameln ausgezeichnet.

Die vier Katzengeschichten erschienen zuerst als Mini-Bücher unter den Einzeltiteln *Das Katzen-ABC* (1985), *Kleine Katze Nina* (1992), *Dicker Kater Kasimir* (1992), *Joschi Tintenkatz* (1993) im Programm Beltz & Gelberg.

Genehmigte Sonderausgabe 2002 für

Verlag Karl Müller GmbH
Venloer Str. 1271
D–50829 Köln
Tel: 0221 / 130 65 - 0
Fax: 0221 / 130 65 - 120

ISBN 3-89893-065-3

Gedruckt in Hemsbach, Druckhaus Beltz

Das
Katzen-
ABC

Die Katze **A**nne schlabbert Sahne

Der Kater **B**ert steht ganz verkehrt

Der Kater **C**hristopher guckt aus dem Koffer

Der Kater **D**itter haßt Gewitter

Der Kater **E**rich ist gefährlich

Der Kater **F**red ist beim Ballett

Der Kater **G**ino geht ins Kino

Die Katze **H**ilde ist ’ne Wilde

Der Kater **I**wan zerfetzt den Diwan

Der Kater **J**ochen will was kochen

Der Kater **K**laus liebt eine Maus

Der Kater **L**utz ist voller Schmutz

Die Katze **M**arianne badet in der Wanne

Die Katze **N**ina kommt aus China

Der Kater **O**tte gibt gern Pfote

Der Kater **P**aul ist furchtbar faul

Der Kater **Qu**asimodo knipst ein tolles Foto

Die Katze **R**uth geht heut' mit Hut

Die Katze **S**tella jault im Keller

Die Katze **T**illa sitzt vor der Villa

Der Kater **U**rban trägt 'nen Turban

Der Kater **V**eit ist ganz schön breit

Der Kater **W**ladimir ißt Schokolade hier

Der Kater **X**aver ist ein Braver

Die Katze **Y**vonne liegt in der Sonn'

Und zum Schluß gibt **Z**illi einen Kuß!

Kleine Katze
Nina

Es war einmal eine kleine, weiße Katze, die hieß Nina.
Sie lebte in einer rosaroten Villa, die in einem großen Garten stand.
Still und friedlich war es hier.
Wenn die Sonne schien, nahm Nina ihren Sonnenschirm und ging im Garten spazieren.

Ganz hinten im Garten stand ein großer, alter Baum. An einem der Äste war eine Schaukel angebracht. Hierher ging Nina, wenn sie nachdenken und träumen wollte. Sie setzte sich auf die Schaukel, schwang hin und her und schaute in den blauen Himmel.

Auch ein kleines Schwimmbecken befand sich in Ninas Garten. Sie war zwar wasserscheu, aber manchmal kam Edgar, der Igel, bei ihr vorbei. Edgar bastelte gern Segelschiffchen. Die ließen sie dann im Becken schwimmen.

Ein anderer Freund von Nina war der Kater Arne. Mit ihm ging sie oft angeln oder Schmetterlinge beobachten.

Von Zeit zu Zeit kamen Sigrid und Melitta, die beiden Katzen, in Ninas Garten. Sie brachten ihren bunten Ball mit. Damit spielten sie dann Werfen und Fangen.

Ein sehr guter Freund von Nina war auch der Hamster Karl.
Karl konnte vorzüglich kochen und backen. Er brachte Nina Kuchen und leckere Pasteten, die sie zusammen verspeisten.

Wenn das Wetter gar zu heiß war,
blieb Nina auf ihrer schattigen
Veranda. Sie legte sich in die
Hängematte und las ein Buch.
So lebte die kleine Katze Nina.
Aber nicht immer lebte sie so!

Wenn ihr Spazierengehen, Schaukeln, Schiffchen-schwimmen-Lassen, Angeln, Ballspielen, Kuchenessen und Lesen zu langweilig wurde, holte Nina ihr Motorrad aus dem Schuppen, schwang sich hinauf und brauste davon!

Sie fuhr zum Autorennplatz.
Dort stieg sie in ein Rennauto und drehte fünf Runden mit Superhöchstgeschwindigkeit!

Vom Autorennplatz fuhr Nina direkt zu Kater Jan. Kater Jan wohnte an einem kleinen Flugplatz, und er besaß ein schnelles Sportflugzeug!

Achtung! Anschnallen!
Schon hob das Flugzeug ab und stieg steil in die Luft.
Nina liebte Flugzeuge noch mehr als Motorräder und Autos!

Nina und Jan flogen durch eine Wolke und ließen das Flugzeug einen Luftpurzelbaum schlagen.
Sehr gefährlich ist das, aber für Nina gerade richtig!

Dann flogen sie etwas tiefer, aber dafür verkehrt herum.
Und plötzlich fiel Nina aus dem Flugzeug!

Aber keine Angst…

Das hatte sie mit Absicht gemacht! Ein Absprung mit dem Fallschirm – Kleinigkeit für die Katze Nina! Dort unten war auch schon ihre rosarote Villa, mitten im großen Garten! Na, hoffentlich landete Nina nicht in ihrem Schwimmbecken. Das einzige, wovor sie ein bißchen Angst hat, ist nämlich Wasser…

Dicker Kater
Kasimir

Der Kater Kasimir war dick und faul.
Er wohnte in einem baufälligen
Häuschen auf dem Land.
Essen und Schlafen waren seine
Lieblingsbeschäftigungen. Vom vielen
Essen wurde er immer so müde,
daß er sich ins Bett legen mußte.

Am liebsten aß Kasimir Schokoladentorte und Cremeschnitte. Er konnte sehr gut kochen. Manchmal war er dazu aber auch zu faul, dann aß er einfach Marmelade oder Honig direkt aus dem Glas.
Kein Wunder, daß Kasimir so dick geworden war!

Eines Tages gingen Kasimirs Vorräte zu Ende. Er mußte ins Dorf fahren und neue kaufen.
Als er das Haus verlassen wollte, hatte er Schwierigkeiten, durch die Tür zu kommen, so dick war er bereits!

Und als Kasimir ins Auto stieg und losfahren wollte, machte es plötzlich *knack!*, und das Auto brach in der Mitte auseinander. Es hatte den schweren Kater nicht ausgehalten.

Etwas bekümmert machte sich Kasimir zu Fuß auf den Weg zum Dorf.
Er kam zu einer Brücke, die über einen Bach führte.
Als er mitten auf der Brücke war, krachte es wieder, und Kasimir fiel ins Wasser.

Ein Eichhörnchen hatte Kasimirs seltsame Unfälle beobachtet.
»Du bist zu dick und zu schwer!« sagte es. »Iß nicht so viel, das ist nicht gesund. Du mußt dich mehr bewegen. Mach's wie ich, klettere auf einen Baum!«
»Meinst du?« sagte Kasimir.

Kater Kasimir versuchte, auf den Baum zu klettern. Aber als er sich hochziehen wollte, brach der Ast ab. »Nein«, sagte Kasimir zu dem Eichhörnchen, »das ist nichts für mich. Was so anstrengend ist, kann nicht gesund sein!« und nahm seine Einkaufstasche und ging weiter.

Nach einer Weile kamen Kasimir ein Hase und ein Wiesel entgegen. Die beiden trainierten für einen Marathonlauf. Als sie den dicken Kater sahen, lachten sie ihn aus. »Was ist denn das für ein Tier?« sagte der Hase.
»Sieht aus wie ein Nilpferd mit Schnurrbart!« sagte das Wiesel.
»Blöde Sportler!« rief ihnen Kasimir nach.

Kasimir ging weiter. Er kam nur langsam vorwärts und mußte öfter Pausen einlegen. Die Sonne ging schon unter, und das Dorf war noch immer nicht in Sicht. Ich werde eine Abkürzung durch den Wald nehmen, dachte Kasimir und verließ den Weg.

Eine Stunde lang ging Kasimir nun schon durch den Wald.
Komisch, dachte er, ich müßte den Wald längst schon durchquert haben!
Es wurde immer dunkler, und Kasimir ahnte, daß er sich verirrt hatte. Er war sehr müde und hungrig und bekam Angst.

Schließlich setzte sich Kasimir erschöpft ins weiche Moos. Ich habe mich verirrt, dachte er. Ich finde nie mehr aus dem Wald und muß verhungern! Und Kasimir begann zu weinen. In Gedanken sah er sich bereits schrecklich abgemagert unter einem Baum sitzen.

Plötzlich kamen zwei Mäuse mit einer Laterne aus dem Wald. In sicherem Abstand blieben sie stehen.
»Helft mir!« sagte Kasimir. »Ich habe mich verlaufen. Ihr braucht keine Angst zu haben, ich fresse keine Mäuse. Ich mag nur süße Sachen!«
»Nein, wie ein Mäusejäger sieht er nicht aus«, sagten die Mäuse zueinander. »Mäusejäger sind schlank…«

Der dicke Kasimir war den Mäusen gleich sympathisch.
»Komm mit!« sagten sie. Und sie führten Kasimir zu einer Lichtung auf der ein Mäusegeburtstagsfest in Gang war. Natürlich gab es auch eine große Geburtstagstorte und andere Leckereien.

Kasimir feierte mit den Mäusen die ganze Nacht. Zum Dank für seine Rettung verriet er ihnen seine besten Kochrezepte…

Das war die Geschichte vom dicken Kater Kasimir. Und wenn er nicht gestorben ist, dann schlemmt er noch heute!

Joschi
Tintenkatz

Das ist Joschi Tintenkatz! Joschi ist ein großer Künstler! So ziemlich der größte Künstler der Welt! Er ist Maler, Erfinder und Architekt in einem.

Und in diesem merkwürdigen Turmhaus wohnt Joschi Tintenkatz.
Hier ist sein Atelier, hier lebt und arbeitet er.

Joschis Turmzimmer ist voll mit Hunderten von Plänen, Zeichnungen und Gemälden. Er hat schon viele wunderbare und seltsame Behausungen entworfen. Wer ein besonderes Haus will, kommt zu Joschi Tintenkatz!

Für Kater Friedensreich, zum Beispiel, hat Joschi dieses Wasserschlößchen entworfen. Es ist ein bißchen klein geworden, denn Friedensreich hatte wenig Geld. Aber für ihn ist es groß genug.

Oder dieses Baumhaus für Kathi
und Kurt Eichkatz!
Auch eine äußerst gemütliche
Behausung. Kühl im Sommer
und warm im Winter.

Für Viktor von Grille hat Joschi das Haus auf der Sonnenblume erfunden. Sonnenblumen drehen sich tagsüber immer der Sonne zu. So hat Viktor zu jeder Tageszeit Sonnenschein, wenn er vor dem Haus sitzt.

Auch diese riesige Mäuseburg im hinteren Himalaya ist nach Plänen von Joschi Tintenkatz erbaut worden.
Gut zweihundert Mäuse haben in der Burg Platz!

Ein interessanter Auftrag war das Haus für die Familie Maushuber. Sie wollte eine fliegende Wohnung haben.
Joschi hat für sie eine Teekanne mit Luftballons erfunden und noch einige spezielle Extras eingebaut.

Familie Maushuber machte mit der neuen Wohnung gleich eine lange Luftreise. Die Mäuse wollten über den Ozean bis nach Amerika fliegen.

Über dem Meer gerieten sie
aber in einen furchtbaren Sturm.
Die Luftballons zerplatzten, die
Teekanne fiel ins Wasser und
versank sofort.

Zum Glück hatte Joschi die Teekanne auch als Unterseeboot ausgerüstet!
So konnten die Mäuse ohne Probleme unter Wasser nach Amerika weiterfahren.

Einfach toll, wie Joschi das gemacht hat!
Aber du kennst sein eigenes Turmhaus noch nicht richtig. Siehst du die zwei Hebel am Fenster?
Paß auf, was Joschi jetzt macht!

Joschi zieht an den Hebeln…
Die blecherne Turmspitze klappt auf, ein langes, silbriges Ding fährt aus und beginnt sich zu drehen.
Richtig! Es ist ein Propeller!

Der Propeller rotiert immer schneller, der ganze Turm zittert und hebt vom Boden ab. Ein Hubschrauberturm! Wer hätte das gedacht!
Auf Wiedersehen, Joschi Tintenkatz!

ENDE.